KB112700

교권침해 예방
집단 프로그램 워크북

PRESENT

저자 유현우

현) 강원도 전문상담교사

한양대학교 교육대학원 상담심리 전공

· 전문상담교사 1급(교육부)
· 상담심리사(한국상담심리학회)

wang20001@hanmail.net

교권침해 예방 집단 프로그램 워크북 Present_학생용

발행일	2018년 11월 28일

지은이	유 현 우		
펴낸이	손 형 국		
펴낸곳	(주)북랩		
편집인	선일영	편집	오경진, 권혁신, 최승헌, 최예은, 김경무
디자인	이현수, 김민하, 한수희, 김윤주, 허지혜	제작	박기성, 황동현, 구성우, 정성배
마케팅	김회란, 박진관, 조하라		
출판등록	2004. 12. 1(제2012-000051호)		
주소	서울시 금천구 가산디지털 1로 168, 우림라이온스밸리 B동 B113, 114호		
홈페이지	www.book.co.kr		
전화번호	(02)2026-5777	팩스	(02)2026-5747

ISBN   979-11-6299-415-3 03370 (종이책)   979-11-6299-416-0 05370 (전자책)

이 도서의 국립중앙도서관 출판예정도서목록(CIP)은 서지정보유통지원시스템 홈페이지(http://seoji.nl.go.kr)와 국가자료공동목록시스템(http://www.nl.go.kr/kolisnet)에서 이용하실 수 있습니다.
(CIP제어번호: CIP2018038238)

모든 학생들의 필수북(book)

교권침해 예방
집단 프로그램 워크북

PRESENT

유현우 지음

북랩 bookLab

교권침해, 또 하나의 학교폭력

수년 전 대구에서 학교폭력을 견디지 못해 스스로 세상을 떠난 학생이 있었습니다. 그 사건은 국민 모두를 충격과 슬픔에 빠뜨렸고, 그로 인해 학교폭력을 막기 위한 수많은 대책이 세워졌습니다.

학교는 지속적인 예방교육과 실태조사, 캠페인을 실시하여 학생들에게 학교폭력이 무엇이고, 가해 학생은 어떤 처벌을 받게 되는지 가르쳐 주었습니다.

그 때문인지 최근 5년간의 실태조사를 비교해보면 조금씩 줄어드는 경향이 나타나고 있습니다.

그렇다면 교권침해 문제는 어떠할까요?

'학부모 폭행, 교사 성희롱' 교권침해 해마다 증가

'끊이지 않는 교권침해' 교권회복 위한 법안 마련 시급

'교사 욕하고 때리고' 교권 침해 학생 징계 강화해야

교권침해 관련 기사는 매일같이 쏟아져 나오고, 교권침해로 인해 학교를 떠나는 선생님들은 너무도 많습니다. 어쩌면 하루에도 몇 번씩 그만두고 싶은 마음을 숨긴 채 학교에 남아있는 선생님들이 훨씬 더 많을지도 모릅니다.

그런데도 교권침해에 대한 우리 사회의 관심은 여전히 부족한 것 같습니다.

그 이유를 생각해보면 괴롭히는 사람은 똑같이 학생인데, 피해자는 교사(성인)이기 때문이 아닐까요?

교사에 대한 국민들의 인식은 학생을 올바로 가르치고 지도해야 하는 책임 있는 전문가로서 교육 과정 속에 겪을 수 있는 고통이나 스트레스 정도는 감수하고 인내해야 한다는 생각이 있는 것 같습니다.

하지만 그 고통과 스트레스가 한 사람의 인격을 훼손하고, 평생의 꿈을 잃어버리게 하는 수준이라면 교사가 아니라 그 누구라도 보호받고 지켜주어야 하는 것입니다.

또한 교권침해는 교사에게 심각한 정신적, 육체적 고통을 주기 때문에 최상의 교육을 하지 못하게 만드므로 결국 그 피해는 많은 학생들에게 돌아갑니다.

이제는 학교폭력과 같이 교권침해 문제도 지속적인 예방교육과 캠페인 등을 통해 그것이 잘못된 것임을 알

려주어야 합니다.

학생들은 교권침해 행동을 하는 친구가 있다면 분위기에 휩쓸려 함께 동조하지 말고, 적극적으로 말리며, 정의롭지 못한 행동에 대해 반대하는 목소리를 낼 수 있어야 합니다.

그리고 옳지 못한 선생님에 대해선 감정적으로 대응하여 반항하거나 폭력을 사용하지 않고, 대화를 통해 자신의 권리를 주장하고, 정당하게 요구할 수 있어야 합니다.

이 프로그램은 그 방법을 함께 생각해보고, 실천할 수 있도록 도울 것입니다.

청소년이기에 막을 수 있는 교권침해

청소년들은 부모님이나 선생님보다 친구나 또래들을 통해 도덕적 판단이나 가치들을 형성하는데 필요한 인지적, 사회적 자원을 얻습니다. 또한 청소년들은 주로 또래집단을 통해 사회적 기술을 연마하고, 친구들과의 대화 속에서 동료애, 피드백, 현실적인 정보와 정서적 지지를 얻으며 서로 의지합니다(청소년심리학, 교육과학사, 2016).

이러한 청소년기 또래집단의 영향은 긍정적이고 건설적인 면도 있지만, '교권침해'나 '학교폭력 - 집단따돌림'이라는 부정적 결과를 낳기도 합니다.

만약 여러분의 학급에서 교권침해 문제가 발생했다면 처음에는 일부 몇몇 학생으로부터 시작될 수 있습니다.

그렇지만 그 소수의 학생을 중심으로 친밀한 또래집단이 형성되면 반사회적이고 파괴적인 행동을 모방하며 시간이 지날수록 더욱 강화됩니다. 다시 말해 나쁜 바이러스가 전염되는 것과 같이 분위기에 휩쓸려 잘못된 행동을 그대로 따라 하는 것입니다.

따라서 교권침해 문제는 청소년 여러분이 어떤 마음과 태도로 선택하고 행동하는가에 따라 더욱 심각한 문제가 되기도 하지만 반대로 긍정적인 변화를 가져오기도 합니다.

최선을 다해 가르쳐주시는 선생님과 열심히 공부하며 자신의 꿈을 키워나가는 친구들을 존중하고, 함께 웃으며 격려하는 학급, 폭력에 민감하게 반응하여 단호히 거부하고 저항하는 학급, 갈등이 생겼을 때 충분히 대화하고 공감하며 문제를 해결해 나가는 학급은 평화를 사랑하고 서로를 존중하는 청소년 한 사람 한 사람이 모여 만들어갈 수 있습니다. 그런 용기와 지혜를 가진 여러분 모두가 되길 바라며 응원합니다.

프로그램의 특징

1. 교권침해가 무엇이며, 발생한 후 어떤 결과가 이어지는지 알 수 있습니다.

2. 선생님과 친구들의 마음을 공감하게 됩니다.

3. 어떤 이유로 교권침해 행동을 하게 되는지 이해할 수 있습니다.

4. 선생님이 잘못한 경우는 어떻게 대응해야 되는지 알 수 있습니다.

5. 교권침해 없는 우리 반을 만들기 위해 직접 실천할 수 있습니다.

6. 모둠 활동을 통해 친구들과의 토론과 실천 활동이 가능합니다.

단계	활동명	내용	공통
1	시작	프로그램 소개 지도자 소개 약속 정하기 모둠 정하기 우리 반 소개하기	알아차림 / 존중 / 비폭력 / 신뢰
2	교권침해의 이해	교권침해란? 교권침해 현황과 심각성 알기 우리 반 교권침해	
3	교권침해 대체 왜?	교권 침해 발생하는 이유는? - 교권침해 학생의 특성 - 우리 반은 왜? (토론)	
4	마음의 소리	교권침해 피해자는 누구인가? 선생님의 마음 친구들의 마음 (학습권침해)	
5	평화로운 우리 반 (존중·공감·대화)	상처받은 포돌이 / 왕자와 거지 HERE & NOW 비언어적 의사소통의 잘못된 예 선생님이 잘못한 경우 나 - 전달법	
6	교권침해 OUT (실천하기)	상황극 만들기 교권침해 예방 캠페인송 만들기 공익광고 만들기 교권침해 없는 우리 반 십계명 교권보호 사행시 짓기 교권침해 예방 포스터(표어) 만들기	

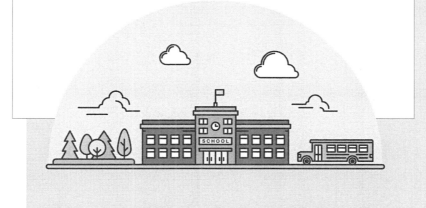

교권침해 예방 집단 프로그램

PRESENT

학생용

STEP 1

시작

- 오리엔테이션 -

사전 설문지

번호	질문 (최근 한 달 동안)	척도				
		전혀 아니다	아니다	보통	그렇다	매우 그렇다
1	교권침해가 무엇인지 알고 있다.					
2	교권침해가 일어나면 어떻게 되는지 알고 있다.					
3	선생님이 힘들다고 느낀 적 있다.					
4	우리 반은 수업 시간에 시끄럽다.					
5	우리 반에서 최근 한 달간 학교폭력은 없었다.					
6	친구의 마음을 공감할 수 있다.					
7	나는 우리 반에서 친구들에게 무시를 당한 적 있다.					
8	선생님이 지시할 때 거부하거나 모른 척 한 적 있다.					
9	수업 중 친구와 이야기를 나누는 것은 괜찮다고 생각한다.					
10	선생님이 잘 모르거나 어른답지 못하다는 생각이 들면 무시하는 마음이 든다.					

우리들의 약속

하나, 나는 다른 사람을 존중하겠습니다.

'토킹스틱'을 사용하여 이야기합니다.

두울, 나는 폭력을 사용하지 않겠습니다.

나는 언어적 폭력(욕설, 비난, 친구가 싫어하는 모든 말)도 하지 않겠습니다.

세엣, 나는 친구를 믿으며, 비밀을 지키겠습니다.

남의 이야기를 소문내지 않겠습니다.

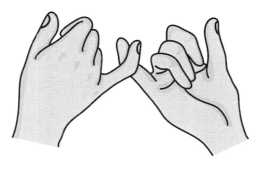

우리 반을 소개합니다

1. 우리 반을 5글자로 소개하면? OOOOO

　　이유는: _____

2. 우리 반 만족도? ☆☆☆☆☆ (별 몇 개?)

　　☆ 3개 이하: (이유) _____

　　☆ 3개 이상: (이유) _____

3. 나에게 우리 반은 어떤 의미인가요?

STEP 2

교권침해의 이해

빙고게임

< 게임규칙 >

1. 교권침해와 관련된 단어를 9개의 칸에 적는다.

2. 지도자가 처음 부르는 단어가 본인에게도 있으면 손을 들고 이름을 부른다.

3. 여러 사람일 경우 가위바위보를 통해 이긴 사람이 다음 단어를 부른다.

4. 단어가 가로와 세로, 대각선을 포함하여 3줄이 완성되면 '빙고'를 외친다.

교권침해 연상 이미지

< 그림 설명 >

교권침해 사례

사례1) 학생의 수업 진행 방해

- 수업 상황에서 발생하는 학생의 부적절한 행동으로 교사의 교수활동 방해와 동료학생의 학습활동 방해, 교실 기물 파손 등 직접적인 수업 방해 행동이 해당됨. 또한 교사의 지시에도 불구하고 수업 준비를 하지 않거나 수업 활동에 참여하지 않는 행위도 포함 됨

- 여교사 수업 시간 중 한 학생이 다른 학생들에게 모두 책상에 엎드리라고 명령하며 고개를 들면 "죽여 버린다."고 협박하자 이를 장난으로 여긴 교사가 학생들에게 여러 번 고개를 들어 칠판을 바라보라고 하였으나 학생들이 고개를 들지 않아 수업 진행이 안 됨

- 수업 시간에 학생이 휴대폰을 사용하는 것을 보고 교사가 압수하자 교사를 막아서고 옷깃을 잡고 거칠게 항의하며 핸드폰을 되돌려 줄 것을 강하게 요구

사례2) 명예훼손 및 사이버 매체 폭력

- 교원의 정당한 지도에도 불구하고 다수의 학생들이 있는 공간에서 행하는 인신공격적인 행동

- 학생과 평소에 아무런 갈등이 없었고 수업 태도도 괜찮았던 학생인데, SNS에서 심한 욕설로 교사를 공개적으로 모욕

- 상습적으로 수업 준비를 하지 않는 사유로 학생을 교실 뒤편에 서서 수업에 참여하게 하였으나, 거친 항의와 함께 무단으로 학교로 이탈하여 귀가한 후 부모에게 "교사가 멱살을 잡고 뺨을 때렸다."고 거짓 진술하며 본인의 친구들을 거짓 증인으로 내세움

사례3) 성희롱 및 성폭력

- 중학생이 쉬는 시간에 계단을 올라가고 있는 여교사의 신체를 스마트폰으로 촬영

- 중학교 복도에서 3학년 학생이 교사를 좋아한다고, 다른 학생들이 보고 있는데도 교사를 벽에 밀어붙이고 나가지 못하게 함

- 중학교 남학생이 인쇄물을 나눠주는 여교사의 어깨에 손을 얹더니 "누나! 우리 사귀자."고 말하고 다른 학생은 이 장면을 휴대전화로 촬영한 후 SNS에 '선생님 꼬시기'란 제목의 동영상을 올림

사례4) 학부모의 폭언·폭행

- 학부모가 평소 담임교사에 대해 "아이가 입원을 했는데 문병을 안 온다. 구구단을 외우는 숙제로 인해 스트레스를 받아 죽으면 책임을 질 거냐? 학부모 총회에서 학급 담임과 상담을 받지 못했다."는 등 반감을 내비치며 여러 차례 폭언

- 수업 중 장난을 치는 여학생을 훈계한 후 "남학생들 사이로 가라"는 담임교사의 말에 교사가 남학생들의 가랑이 사이로 지나가라고 했다며 학생의 어머니가 교장실로 찾아가 항의하고 학생의 아버지는 수업 중이던 교사를 뒤에서 달려들어 주먹으로 폭행

- 학부모가 자신의 아이만 차별하여 두발지도를 한다고 격분하여 수백 명의 학생들이 지켜보는 가운데 주먹으로 교사를 폭행

교권과 교권침해란?

■ 교권(敎權)이란?

 ☞ 교사로서 지니는 권위나 권력 (국립국어원 표준국어대사전)

 ☞ 교육자로서의 권리나 권위 (Daum 어학사전)

■ 법령이 규정한 교육 활동 침해 행위

법조항	내용
교원의 지위 향상 및 교육 활동 보호를 위한 특별법 제15조 제1항	학교의 학생 또는 그 보호자 등이 교육 활동 중인 교원에 대하여 폭행, 모욕 등 대통령령으로 정하는 교육 활동을 침해하는 행위
교원의 지위 향상 및 교육 활동 보호를 위한 특별법 시행령 제2조의3	1. 「형법」 제2편 제25장(상해와 폭행의 죄), 제30장(협박의 죄), 제33장(명예에 관한 죄) 또는 제42장(손괴의 죄)에 해당하는 범죄 행위 2. 「성폭력범죄의 처벌 등에 관한 특례법」 제2조 제1항에 따른 성폭력범죄 행위 3. 「정보통신망 이용촉진 및 정보보호 등에 관한 법률」 제44조의7 제1항에 따른 불법정보 유통 행위 4. 그 밖에 교육부 장관이 정하여 고시하는 행위로서 교육 활동을 부당하게 간섭하거나 제한하는 행위
교육 활동침해 행위 고시 (교육부고시 제2-17-118호)	1. 「형법」 제8장(공무방해에 관한 죄) 또는 제34장 제314조(업무방해)에 해당하는 범죄 행위로 교원의 정당한 교육 활동을 방해하는 행위 2. 교육 활동 중인 교원에게 성적 언동 등으로 성적 굴욕감 또는 혐오감을 느끼게 하는 행위 3. 교원의 정당한 교육 활동에 대해 반복적으로 부당하게 간섭하는 행위 4. 그 밖에 학교장이 「교육공무원법」 제43조 제1항에 위반한다고 판단하는 행위

교권침해란 무엇일까요?
(법령이 규정한 교육 활동 침해 행위)

인간으로서의 기본권 침해

- 선생님에 대한 폭언과 폭행, 성폭력 등 신체적 위해
- 명예훼손, 모욕, 성희롱 등 인격권 침해
- 언론기관 등에 의한 사생활 침해

교육자로서의 교육할 권리 침해

- 학생, 학부모의 수업을 방해하는 행위
- 선생님의 교육 활동에 반복적으로 부당하게 간섭하는 행위

전문직 종사자로서의 신분 침해

- 부당한 신분, 인사상 조치
- 학교 안전사고 및 학교폭력 피해 배상 요구

교권침해가 일어나면?

Q) 학생이 수업 방해, 교사에 대한 폭언, 폭행, 위협, 지도 불응에 대한 선도 조치에 대해 이행하지 않을 경우 어떻게 되나요?

A) 학교에서는 **교권보호위원회 및 선도위원회를 개최**하여 학칙에 따라 징계처분을 할 수 있으며, 징계는 교내봉사, 사회봉사, 특별교육 이수, 출석정지 등이 가능합니다.

또한 폭행, 재물손괴 등 비행 정도가 심하고 징계, 상담 등 지도에도 불응할 때에는 **학교장 통고 제도**를 통해 **소년보호재판을 법원에 신청**할 수 있습니다.

그리고 교사에 대한 모욕, 명예훼손, 협박 등은 죄가 성립할 수 있으므로 수사기관에 고소를 할 수 있습니다.

학생이 교사에게 욕설을 하였다면 이는 형법상 **모욕죄**(형법 제311조)에 해당됩니다. 교사에 대하여 구체적으로 해악을 가할 것을 고지하는 등의 언동을 하였다면 **협박죄**(형법 제283조)에 해당됩니다. 또한 학생이 학교에서 난동을 부리는 등 수업을 방해했다면 형법상 **공무집행방해죄**(형법 제136조, 국·공립학교), **업무방해죄**(형법 제314조, 사립학교)가 성립할 수 있습니다.

출처 : 2017년 교육 활동 보호 매뉴얼 (교육부, P.54)

우리 반 교권침해 순위

■ 우리 반에서 가장 많이 일어나는 교권침해는 무엇일까요?

유형	사례	순위
수업 방해	떠들기	
	수업과 상관없는 질문하기	
	돌아다니기	
	이상한 소리내기	
	수업 늦게 들어오기	
	매점 음식 먹기	
폭언, 폭행 위협적 행동	선생님 앞에서 욕하기	
	책상이나 물건 던지기	
	선생님에 대한 폭력행위	
	불손한 태도 보이기	
성적 혐오감을 주는 행위	수업과 관계없는 성적인 질문, 농담, 장난하기	
정당한 지도 불이행	수업 거부	
	청소 안하기 (도망, 거부)	
	생활지도 불응 (교칙 위반)	
	휴대전화 안 내기	
사이버 매체 폭력	SNS 이용한 허위사실 유포 늦은 시간 문자 메시지 보내기	

STEP 3

교권침해, 대체 왜?

- 발생원인 -

교권침해 발생원인

■ 사회·문화적 관점

1) 학생 인권 강화에 따른 반작용?

2) 선생님의 잘못?

3) 교사의 권위를 인정하지 않는 사회 분위기

4) 스마트폰, 인터넷 등의 미디어 접촉 증가
   (폭력적, 선정적)

▣ 학생 개인의 심리적·생물학적 관점

1) 적대적 반항장애, 품행장애, ADHD, 분노조절장애 등 병리적 문제

2) 스마트폰 과다사용으로 인한 충동조절의 어려움

3) 미성숙한 방식의 욕구 분출

4) 친구 따라 하기

5) 삐뚤어진 영웅심리

6) 어른에 대한 예의 없음

7) 억울함 또는 자존심

8) 사랑에서 시작하여 복수로 끝나는 애증의 심리

9) 우울함 및 스트레스 관리 부족

10) 청소년의 뇌는 공사 중?

11) 의사소통기술과 공감 능력의 부족

12) 학업에 대한 동기 부족

13) 주 양육자와의 갈등이 무의식적으로 표출

STEP 4

마음의 소리

교권침해 피해 선생님의 마음

1. 학생과 교실, 수업을 떠올리면 깜짝 놀라고, ○○○이 느껴짐

2. 수업을 제대로 할 수 있을지에 대한 의구심이 생겨 점차 ○○○ 잃음

3. 성인으로서 나이 어린 학생들 앞에서 모욕적인 일을 겪음으로 인해 모멸감과 ○○○을 느낌

4. 열심히 해도 안 된다는 생각에 의욕을 잃고, ○○○을 느낌

5. 교권침해 사실을 다른 사람에게 말할 수 없어 답답함과 ○○○을 느낌

6. 교권침해 학생에 대한 양가감정으로 인해 ○○○을 느낌

A. 슬프고 불행한 감정에 놓여있는 정신 상태

B. 부끄러움을 느끼는 마음

C. 어떤 일을 스스로의 능력으로 충분히 감당할 수 있다고 믿는 마음

D. 위협이나 위험을 느껴 마음이 불안하고 조심스러운 느낌

E. 자신이 아무런 힘이 없음을 깨달았을 때나 무슨 짓을 해도 아무 소용이 없음을 깨달았을 때의 허탈하고 맥빠진 느낌

F. 몸이나 마음이 견디기 어려울 만큼 불편하거나 고통스러운 상태

※ 양가감정 - 어떤 대상에 대하여 서로 상반되는 두 감정이 동시에 존재하는 상태

나도 그랬는데…

1. ~을 떠올리면 깜짝 놀라고 **두려움**이 느껴짐

2. ~을 잘할 수 있을지에 대한 의구심이 생겨 점차 **자신감을 잃음**

3. ~앞에서 모욕적인 일을 겪음으로 인해 **모멸감**과 **수치심**을 느낌

4. 열심히 노력해도 안 될 거라는 생각에 의욕을 잃고 **무력감**을 느낌

5. 내가 겪은 일을 다른 사람에게 말할 수 없어 **답답함**과 **우울함**을 느낌

6. ~에 대한 양가감정으로 인해 **괴로움**을 느낌

행복한 교사가 되기 위해 노력한 지수

지수는 어릴 적부터 선생님이 되고 싶어 했다. 하지만 중학생이 되면서 어릴 때 막연히 꿈꾸던 선생님은 쉽게 이루어질 수 없다는 것을 알게 되었다.

왜냐하면 지수와 같이 교사를 꿈꾸는 사람이 너무 많아 어려운 시험을 통과해야 선생님이 될 수 있기 때문이다.

하지만 지수는 꿈을 포기하지 않고, 열심히 공부했다. 학교에서는 물론 학원에서도 공부했고, 심지어 쉬는 시간과 점심시간에도 공부했다.

지수도 공부가 좋아서 하는 것은 아니었다. 정말 힘들고, 몸도 피곤했다.

친구들과 같이 놀고, 주말에는 마음껏 TV도 보고 싶었다. 하지만 목표가 분명해지니 방심할 수 없었다.

그나마 다행인 것은 노력한 만큼 성적이 조금씩 오르기 시작한 것이었다. 점점 오르더니 고3 때는 전교 5등 안에 들었다. 너무 기뻤고, 부모님과 선생님, 친구들도 진심으로 기뻐하고 축하해주었다.

지수는 그렇게 고등학교 3년을 마치고 원하던 A 사범대를 입학하게 되었다.

하지만 대학을 입학한 기쁨도 잠시뿐이었다. 학생 수가 점점 줄어드니 교사도 점점 적게 선발하면서 교사가 되기 위한 임용 시험은 점점 치열해졌다. 선배들의 모습을 보니 교사임용 시험을 준비하느라 정말 힘들어 보였다.

지수는 그렇게 대학 4년을 마치고, 교사임용시험에 도전했지만 안타깝게 떨어졌다.

하지만 지수는 슬퍼할 시간도 없이 1년에 한 번뿐인 다음 시험을 준비하기 위해 도서관으로 향했다. 나와 같이 공부한 친구가 먼저 합격한 것에 부러워해야 했고, 계속 시험에 떨어지면서 부모님께 죄송한 마음이 들었다. 그리고 언제 합격할지 모르는 불안감에 마음껏 쉬지도 못하고, 손에서 책을 놓지도 못한 채 잠이 들었다.

지수는 그렇게 3번의 시험에 떨어진 후 4번째 시험에서 합격하게 되었다.

행복한 교사를 그만두고 싶은 지수

드디어 지수는 서울의 A 중학교로 첫 발령을 받았다. 신규 교사이기에 담임을 내년부터 맡게 되어 무척이나 아쉬웠다.

지수는 하루빨리 학생들을 만나 그동안 학교에서 열심히 배웠던 것을 재밌게 가르쳐주고 싶었다.

학생들도 처음 온 선생님을 신기하게 쳐다보며, 많은 관심을 보였다. 특히 남학생들은 호기심에 가득 찬 눈빛으로 선생님을 바라보았다.

하지만 3개월이 지난 지금은 점점 학교 오기가 싫고, 교실에 들어가는 것이 두려운 자신을 발견하게 되었다.

교실에 들어가면 쉬는 시간처럼 그대로 떠들거나 장난치고 있으며, 조용히 자리에 앉으라고 해도 무시하고 더 큰 소리로 떠들었다.

남학생들은 여교사인 지수에게 성적 수치심을 느낄 수 있는 질문을 던져 당혹스럽게 만들었다.

또한 계속 엎드려 잠을 자는 학생을 깨우면 교사에게 들릴 정도로 욕을 하는 경우도 있었다.

그 밖에 청소 시간 도망가기, 수업 시간에 화장실 마음대로 다녀오기, 자리 마음대로 바꿔 앉기, 매점에서 늦게 오기, 부모님께 알렸더니 왜 말씀드렸냐고 오히려 따지면서 화내는 등 도저히 감당이 안 되어 남몰래 많이 울었다.

그동안 교사가 되기 위해 힘든 과정을 이겨내며 여기까지 왔는데, 교사를 그만두고 싶다는 생각을 하니 너무 억울하고 화가 났다. 또한 다른 선생님들은 수업을 잘하는데 내가 못해서 그런 것 같은 생각에 자존심도 상하고, 이제는 잘할 수 있을 것 같다는 자신감도 잃어버렸다.

세계적인 축구선수를 꿈꾸는 민수

어릴 때부터 축구를 좋아하고, 축구를 잘해서 나중에 손흥민 선수처럼 멋진 축구선수가 되고 싶은 민수. 그래서 초등학교 때 축구부에 들어가 선수 생활을 시작했다.

선수 생활은 힘들었다. 새벽에 일찍 일어나 운동장을 돌며 하루를 시작하면, 학교에서 수업 시간에는 힘들어 졸다 깨다를 반복했다.

민수는 점점 수업 시간을 따라가지 못하게 되어 시험도 망쳤다.

결국 운동에만 전념하고, 축구에 내 인생을 걸기로 마음먹었다.

축구부 생활은 힘든 훈련뿐만 아니라 선배들과의 합숙 생활도 쉽지 않았다.

선배들이 시키는 심부름은 막내인 내 몫이었다. 또한 코치, 감독님의 무서운 호통도 참아내야 했다. 경기 중 실수라도 하면 그날은 눈물이 쏙 빠지도록 혼이 나고 단체 기합을 받았다. 하지만 내 유일한 꿈을 이루기 위해 그 어떤 고통도 참아내기로 했다.

그러던 어느 날부터 내 인내심에도 한계가 온 것 같았다. 이유는 선배들 중 A가 나를 유난히 괴롭혔다. 나한테 체력이 약하다며 운동장을 뛰게 했고, 남몰래 구타를 당하기도 했다.

나는 그 선배를 볼 때마다 두려움이 생겼고, 점점 자신감을 잃어 축구를 할 때도 제대로 실력 발휘가 되지 못했다. 그러면서 좋아하던 축구가 재미없게 느껴졌고, 부상도 겹치면서 경기에서도 주전이 되지 못해 결국 원하는 팀에 들어가지 못했다.

결국 내가 꿈꾸던 세계적인 축구 선수도 되지 못하고, 남들처럼 공부해서 대학도 들어가지 못해 취업하기도 막막한 현실이 되었다. 나는 내 꿈과 인생을 망친 A 선배가 너무나도 밉고 싫었다.

아이돌 가수가 되고 싶은 혜림

평소 아이돌 가수가 되기 위해 댄스 동아리에 들어가 춤과 노래를 연습하던 혜림이는 길을 가던 중 자신을 연예기획사 팀장이라고 소개한 남성으로부터 명함을 받으며 오디션 제안을 받는다.

혜림이는 드디어 자신의 꿈이 이루어질 수 있다는 생각에 부푼 마음으로 오디션을 보러 가게 되었고, 오디션에서 합격한 후 연습생 생활을 하게 된다.

자신이 속한 기획사는 비록 유명한 기획사가 아니었지만 자신의 재능을 알아봐 주고 인정해준 기획사 사장님과 팀장님이 고마웠고, 그래서 더욱 열심히 하기로 했다.

그러던 어느 날 팀장님이 나를 부르더니 요즘은 가수들도 연기를 해야 한다면서 연기를 가르쳐 주겠다고 했다. 그러면서 조금씩 내 몸을 더듬기 시작했는데 나는 싫다고 말하기 어려웠다.

내가 싫다고 하면 나에게 기회를 주지 않을 것만 같았기 때문이다.

하지만 점점 더 노골적으로 성추행을 당하면서 나의 힘들어하는 모습을 부모님이 보셨고, 왜 그런지 물어보셨을 때 나는 울면서 사실대로 말씀드렸다.

부모님은 기획사 팀장을 경찰에 신고했고, 나는 그때의 충격으로 이제 가수가 되고 싶은 꿈을 접게 되었다.

원하는 대학을 가기 위해 열심히 공부하는 동준

한국 고등학교에 입학한 동준이는 중학교 때 열심히 공부하지 않았던 것을 후회하며, 고등학교 때는 열심히 공부해서 원하는 대학을 가고자 마음먹었다. 그래서 수업 시간에는 선생님 말씀에 집중하고, 교과서와 노트에 필기도 빠짐없이 했다. 몸은 피곤하지만 주말에는 학원도 다니면서 학교에서 부족한 부분을 채우려고 했다. 그러면서 문제집을 풀 때마다 자신의 실력이 점점 늘어간다는 것을 느낄 수 있었다. 처음으로 중간고사를 기다리기 시작했다. 빨리 내 성적을 알고 싶었기 때문이다.

그렇게 한 달이 지났을 무렵 조금씩 반 분위기가 이상해지기 시작했다. 처음에는 학생들이 조용하고, 선생님 말씀도 잘 들었던 것 같은데 이제는 조금씩 떠드는 애들이 생기기 시작했고, 특히 나이가 많은 수학 선생님 시간에는 대놓고 장난치거나 농담하며 수업을 방해하는 일이 생기기 시작했다.

하지만 선생님은 조용히 하라고만 할 뿐 더 이상 그 애들을 막을 순 없었다. 애들도 선생님의 쩔쩔매며 당황하는 모습이 재밌는지 같이 웃으며 오히려 옆에서 거드는 애들도 생겨났다. 선생님도 이제는 포기하셨는지 애들이 떠들어도 조용히 하라는 말씀도 하지 않으시고, 혼자 칠판에 문제만 풀다 나가신다. 나는 정말 화가 나고 짜증이 났다.

우리 반에 하필 저런 애들이 와서 다른 애들 공부도 못하게 방해만 하는지··· 그리고 선생님들은 왜 저런 애들을 그냥 두시는지··· 내가 나서서 조용히 하라고 말하고 싶지만 그러면 잘난 척한다고 왕따 당할 것 같고··· 점점 수학 시간뿐만 아니라 다른 수업시간에도 이런 분위기가 만들어지면서 처음 한 달 동안 품었던 대학의 꿈은 점점 시들어져만 갔다.

생각해보기

1. 나의 친한 친구나 가족이 이야기의 주인공이라면 내 마음은 어떠할까요?

2. 내가 만약 학급에서 선생님과 친구들을 방해하는 학생이라면 친구들은 나를 어떻게 생각할까요?

3. 나로 인해 누군가의 꿈이 이루어질 수 없다면?

4. 교권침해로 인해 많은 선생님들이 퇴직을 고민하고 있는 문제에 대해 어떻게 생각하나요?

5. _____

6. _____

STEP 5

평화로운 우리 반

- 존중·공감·대화 -

상처받은 포돌이

초등학교 2학년 지인이의 아빠는 경찰이시다. 그런데 오늘 아침 아빠가 지인이에게 학교에서 보자고 하시면서 일찍 출근하셨다. 지인이는 아빠가 학교에 무슨 일로 오시는지 알 수 없었다.

평소처럼 아침 식사를 하고 학교를 갔는데 오늘따라 학교 앞에 사람들이 많이 있었다.

선생님들도 나와 계시고, 경찰차도 보였다. 현수막에는 '학교폭력 신고전화 117'이라는 글씨가 쓰여 있었다. 그리고 자세히 보니 교문 앞에 포돌이와 포순이 인형을 쓴 경찰이 학생들에게 손을 흔들며 인사를 하고 있었다.

나중에 알고 보니 오늘 아침 교문 앞에서 경찰 아저씨들이 학교폭력 예방 캠페인을 하고 있었던 것이었다.

지인이는 아침에 아빠가 했던 말이 생각이 났고, 아빠가 어디에 계신지 찾아보았다.

기념품을 나눠주는 경찰도 아니고, 현수막을 들고 있는 경찰도 아니었다. 아빠는 없었다.

'혹시 포돌이?' 그런데 그 순간 우리 학교에서 말썽꾸러기로 유명한 정태와 민수가 포돌이 뒤에서 인형 뒤통수를 세 개 때리고 도망가는 것이었다. 조금 있으니까 다른 학생들도 똑같이 포돌이와 포순이 뒤에서 머리를 세게 때리고 도망가는 장난을 하는 것이었다.

이 모습을 지켜본 지인이는 너무 화가 나고, 속상했다. '우리 아빠도 다른 경찰 아저씨들처럼 멋있게 옷을 입고 있었으면 좋았을 텐데…' 지인이는 반갑게 인사하는 포돌이를 못 본 척하고 교실로 뛰어 갔다.

왕자와 거지

영국의 왕 헨리 8세의 아들로 태어난 에드워드 왕자와 거지 술 중독자의 아들로 태어난 톰은 우연한 기회에 만나 닮은 서로의 모습을 보고 깜짝 놀란다. 이후 서로의 생활에 흥미를 느껴 옷을 바꿔 입게 되고, 거지 옷을 입은 에드워드 왕자는 궁전에서 쫓겨나 술에 취한 톰의 아버지에게 붙잡혀 집으로 끌려가게 된다.

에드워드는 자신이 톰이 아니라 왕자라고 말했지만 아무도 믿어주지 않는다.

궁전에 남은 톰은 자신이 왕자가 아니라 거지라고 말했지만 궁전에서는 왕자가 정신이 이상해졌다고 생각했다.

에드워드는 숱한 우여곡절 끝에 새로운 왕의 대관식에 나타나게 되고, 자신이 진짜 왕이라고 말한다. 톰 역시 에드워드가 왕자라고 밝히지만 사람들은 서로 닮은 두 사람 중에서 누가 진짜 왕인지 모르겠다며 에드워드의 말을 믿어 주지 않는다.

결국 행방이 묘연했던 옥새가 어디 있는지 에드워드가 말하며 영국의 국왕으로서 왕관을 쓴다.

감정단어

지금 나의 기분을 정확히 표현한 단어는 무엇일까요?

편안한	따뜻한	반가운	흥미로운
행복한	느긋한	자랑스러운	궁금한
신나는	기대되는	감사한	통쾌한
사랑스러운	감동한	재미있는	다정한
뿌듯한	만족스러운	든든한	열중한
지루한	부끄러운	수줍은	창피한
답답한	짜증나는	서운한	마음이 아픈
긴장된	무서운	지친	걱정스러운
불안한	외로운	실망스러운	화가 난
미안한	괴로운	불쾌한	후회스러운
귀찮은	기쁜	흥분된	안정된
심란한	미운	명확해진	자신 있는
무관심한	피곤한	가슴 뭉클한	활기찬
슬픈	억울한	우울한	생기 있는
감격스러운	불편한	속상한	편안한
질투가 나는	놀란	겁나는	안심되는

생각해보기

1. 이야기에 나오는 등장인물(지인이, 아빠, 왕자, 거지)의 마음은 어떠할까요?

2. 지인이 아빠는 왜 포돌이 옷을 입고 학교에 갔나요?

3. 아이들은 왜 포돌이를 때리고 도망갔을까요?

4. 학교에서 선생님의 겉모습을 보고 함부로 대하거나 무시한 적은 없나요?

5. 두 이야기의 공통점과 교훈은 무엇인가요?

6. 두 이야기를 통해 교권침해 해결 방법을 찾는다면 무엇일까요?

비언어적 의사소통의 잘못된 예

상황 1) 선생님과 대화할 때 주머니에 손을 넣거나 팔짱을 낀 채 말하는 경우

선생님의 생각: _____

선생님의 마음: _____

상황 2) 선생님이 질문하셨을 때 대답 없이 고개만 흔드는 경우

선생님의 생각: _____

선생님의 마음: _____

상황 3) 수업 중 엎드려 자는 학생에게 일어나라고 깨웠더니 인상을 찡그리며 혼잣말을 하는 경우

선생님의 생각: _____

선생님의 마음: _____

상황 4) 선생님께 질문할 때 목소리를 높이거나 따지는 말투로 물어보는 경우

선생님의 생각: _____

선생님의 마음: _____

생각해보기

1. 평소 나의 비언어적 의사소통 방식은 어떠한가요?

2. 잘못 전달된 비언어적 의사소통으로 인해 발생한 상황이 있다면 이야기해 보세요.

3. 나의 존중하는 마음을 행동으로 나타내는 방법은 무엇이 있을까요?

   ① 친구와 의견이 다를 때 "네 말도 맞는 것 같아."라고 말하기

   ② 친구의 성적이나 운동 실력이 부족할 때 다른 장점이 있음을 인정하고 무시하지 않기

   ③ 선생님께 예의를 갖추어 인사하기

   ④ _____

   ⑤ _____

선생님이 잘못할 경우는 어떻게 할까?

사례 1) 선도위원회 대신 오리걸음 시키는 선생님

○○중학교 A군은 친구 B군과 함께 점심시간 학교 담장을 넘어 편의점에서 라면을 먹고, 돌아오는 길에 담배를 피웠다. 그리고 왔던 길로 다시 되돌아가려는데 그만 학생부장 선생님께 걸리고 말았다.

학생부장 선생님은 두 사람의 귀를 잡아당기며 운동장으로 끌고 가 오리걸음과 운동장 5바퀴 돌기, 엎드려뻗치기 등을 시켰다.

그렇게 벌을 받던 A군과 B군은 몰래 학교 밖으로 나가 사 먹고 담배를 피운 것은 잘못한 행동이라고 인정하지만 오리걸음, 운동장 돌기, 엎드려뻗치기는 너무 심했다는 생각이 들어 화가 났다.

그래서 엎드려 있다가 일어나 선생님께 못하겠다고 말했고, 선생님은 오히려 잘못한 놈들이 대든다고 더 화를 내셨다.

사례 2) 스쿨 미투(# ME TOO)

○○고등학교 C교사는 D여학생에게 안마를 해주겠다고 하면서 어깨를 만졌다. 그리고 방과 후 미술실로 따로 불러 그림을 지도해주겠다고 하며 가까이 앉아 신체가 닿을 때도 있었다. D학생은 그럴 때마다 부끄럽고, 수치심이 들었지만 누구에게도 말하기 어려웠다. 어느 땐 자신에게 친절하게 대해주시고, 시간을 따로내어 개인적으로 지도해 주신 고마운 선생님인데 괜히 오해하는 것은 아닌지 혼란스러웠다.

하지만 그런 만남이 많아질수록 불편한 마음은 커지고, 밤에 잠도 잘 못 자는 등 괴로운 날들이 계속되자 죽고 싶은 마음도 들었다.

어느 날은 용기를 내어 선생님께 더 이상 개인지도 받지 않겠다고 하자, 화를 내시며 불쾌한 표정을 지으셨다.

나중에 C교사는 '얼굴은 통통한데 각선미가 예쁘다.', '몸매가 아줌마 같다.'는 등 학생들의 외모를 지적하고 허리를 만지면 살이 쪘는지 안다며 허리를 만지는 등 추행한 혐의로 교육청에 신고를 당하였다.

생각해보기

1. 선생님이 선도위원회를 거치지 않고 체벌을 통해 교육한다면 어떻게 해야 할까요?

2. 선생님에 대한 미움을 자살시도나 허위 신고로 해결하는 것은 잘못된 결과를 가져옵니다.

   (실제 사건)

   이럴 땐 어떻게 해결해야 할까요?

3. 선생님이 분명한 잘못을 하셨을 때, 어떻게 해야 교권침해로 오해받지 않고, 학생의 입장을 전달할 수 있을까요?

4. _____

5. _____

선생님께 '나-전달법'으로 말하기

사례 1) 선도위원회 대신 오리걸음 시키는 선생님

1단계 - 지금 대화할 수 있는지 여쭤본다.

_____

2단계 - 사실을 객관적으로 말한다.

_____

3단계 - 감정을 말한다.

_____

사례 2) 스쿨 미투(# ME TOO)

1단계 - 지금 대화할 수 있는지 여쭤본다.

_____

2단계 - 사실을 객관적으로 말한다.

_____

3단계 - 감정을 말한다.

_____

STEP 6

교권침해 OUT

상황극 만들기
교권침해 예방 캠페인송 만들기
교권보호 공익광고 만들기
교권침해 없는 우리 반 십계명
교권보호 사행시 짓기
교권침해 예방 포스터(표어) 만들기

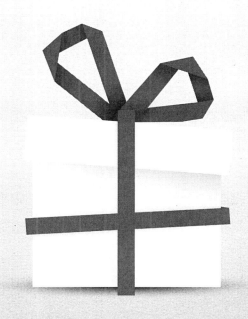

교권침해 발생 상황

상황 1) 수업 중 떠드는 학생에게 주의를 주는데 오히려 더욱 떠들거나 무시하는 경우 (혹은 폭언을 하거나 대드는 경우)

상황 2) 여자 선생님에게 성적인 질문이나 야한 농담을 하여 성적 수치심을 느끼도록 하는 경우

상황 3) 학부모가 수업 중 교실로 들어와 자녀의 문제로 따지는 경우

상황 4) 청소 시간에 엎드려 자고 있거나 휴대폰을 내지 않는 등 정당한 지시에 따르지 않는 경우

교권보호위원회 (시나리오)

일시	20OO. O. OO. (목), 15:00 ~ 17:00
장소	○○학교 도서관
의안	수업 중 교사 교권(수업권) 침해
대상학생	홍길동
회의내용	**1. 개회선언** 지금부터 20**학년도 제1차 교권보호위원회를 개최하겠습니다. **2. 위원장 호선** ○○님을 위원장으로 추천합니다. 동의합니다. **3. 교권보호위원회 참석자 안내** 간사: 참석하신 위원을 소개해드리겠습니다. 학생안전부장님, 전문 상담선생님, 학부모 위원님, 외부 위원인 경찰관님께서 참석하셨습니다. **4. 교권보호위원회 개요 안내** 간사: 진행절차는 사안 보고 - 피해 측 확인 및 질의응답 - 가해 측 확인 및 질의응답 순이며, 발언을 하기 위해서는 먼저 동의를 구하고 발언권을 얻어 말씀해주십시오. 또한 욕설, 폭언, 폭행 등을 할 경우에는 퇴실조치 되며, 비밀유지는 의무입니다. **5. 사안 보고** 위원장: 이번 사안은 ○월 ○○일 ○요일 ○교시 ○학년 ○반 과학 시간에 교사는 엎드려 있는 학생을 발견하고 깨웠으나 학생은 아프다고 하면서 계속 엎드려 있었고, 그러면 보건실로 가서 요양을 하라고 했는데 계속해서 아무런 반응을 보이지 않아 수업 교사가 학생을 계속 깨우자 이에 학생은 욕을 하면서 선생님을 앞으로 밀쳤다고 합니다. **6. 교사 진술 및 질의응답** 위원장: 피해 교사인 과학 선생님의 이야기를 들어보겠습니다. 당시 상황과 교권보호위원회에 의뢰하신 이유, 요구 사항을 말씀해주세요. **7. 학생 진술 및 질의응답** 위원장: 홍길동 학생의 이야기를 들어보겠습니다. **8. 교원 관련 보호조치 및 관련자 선도 처리 방안 논의** 위원장: 이 사안에 대해 어떻게 하면 좋을지 의원님들께서 말씀해주시기 바랍니다. 그럼 제1차 교권보호위원회를 마치겠습니다.
의결사항	

교권침해 예방을 위한 캠페인송

모둠명: _____

<원곡>	<바꿔 부르기>
제목: 얼굴 찌푸리지 말아요	**제목 : 평화로운 우리 학교** (교권침해 없는 우리 반)
얼굴 찌푸리지 말아요. 모두가 힘들잖아요. 기쁨의 그 날 위해 함께 한 친구들이 있잖아요. 혼자라고 느껴질 때면 주위를 둘러보세요. 이렇게 많은 이들 모두가 나의 친구랍니다.	선생님, 이제는 웃어요. 힘을 내세요! 교권침해 없는 우리 반 친구들이 있잖아요. 혼자라고 느껴질 때면 주위를 둘러보세요. 선생님 사랑하는 우리가 이렇게 응원합니다.
우리 가는 길이 결코 쉽진 않을 거예요. 때로는 모진 시련에 좌절도 하겠지만 우리의 친구들과 함께라면 두렵지 않아 우리 모두 함께 손을 잡고 원! 투! 원투! 쓰리포!	평화로운 학교 만들기 쉽진 않을 거예요. 때로는 모진 시련에 좌절도 하겠지만 우리의 친구들과 함께라면 두렵지 않아 우리 모두 함께 손을 잡고 공! 감! 존중! 화이팅!
얼굴 찌푸리지 말아요. 모두가 힘들잖아요. 기쁨의 그 날 위해 함께 한 친구들이 있잖아요. 혼자라고 느껴질 때면 주위를 둘러보세요. 이렇게 많은 이들 모두가 나의 친구랍니다.	선생님, 이제는 웃어요. 힘을 내세요! 교권침해 없는 우리 반 친구들이 있잖아요. 혼자라고 느껴질 때면 주위를 둘러보세요. 선생님 존경하는 우리가 이렇게 응원합니다.

교권침해 예방을 위한 캠페인송

모둠명: _____

<원곡>	<바꿔 부르기>
제목: _____	제목: _____

교권침해 없는 우리 반 십계명

1. _____

2. _____

3. _____

4. _____

5. _____

6. _____

7. _____

8. _____

9. _____

10. _____

교권보호 사행시 짓기

모둠명: _____

（교） _____

（권） _____

（보） _____

（호） _____

생각해보기

1. 선생님 역할을 하며 느낀 점은 무엇인가요?

2. 학생 역할을 하며 느낀 점은 무엇인가요?

3. 관찰하며 느낀 점은 무엇인가요?

4. 프로그램에 참여하며 좋았던 점은 무엇인가요?

5. 프로그램에 참여하며 아쉬웠던 점은 무엇인가요?

선생님께 쓰는 편지

사후 설문지

번호	질문 (최근 한 달 동안)	척도				
		전혀 아니다	아니다	보통	그렇다	매우 그렇다
1	교권침해가 무엇인지 알고 있다.					
2	교권침해가 일어나면 어떻게 되는지 알고 있다.					
3	선생님이 힘들다고 느낀 적 있다.					
4	우리 반은 수업 시간에 시끄럽다.					
5	우리 반에서 최근 한 달간 학교폭력은 없었다.					
6	친구의 마음을 공감할 수 있다.					
7	나는 우리 반에서 친구들에게 무시를 당한 적 있다.					
8	선생님이 지시할 때 거부하거나 모른 척 한 적 있다.					
9	수업 중 친구와 이야기를 나누는 것은 괜찮다고 생각한다.					
10	선생님이 잘 모르거나 어른답지 못하다는 생각이 들면 무시하는 마음이 든다.					

MEMO

MEMO

MEMO

MEMO

MEMO

MEMO